VEGANE DESSERTS

Klassiker, Raffiniertes und verboten Köstliches
aus dem Reich der süßen Genüsse

Marie Laforêt

VEGANE DESSERTS

Klassiker, Raffiniertes und verboten Köstliches
aus dem Reich der süßen Genüsse

Aus dem Französischen von Regine Schmidt

HANS-NIETSCH-VERLAG

Inhalt

Einführung

Es gibt viele gute – ethische, ökologische und gesundheitliche – Gründe dafür, bei der Zubereitung von Desserts auf tierische Zutaten zu verzichten. Da Sie dieses Buch in den Händen halten, sind Sie mit Sicherheit bereits für dieses Thema sensibilisiert. Deshalb möchte ich lieber mit einem Thema beginnen, das mir genauso wichtig erscheint: mit dem Geschmack.

Viele Menschen sind noch immer der Ansicht, Desserts, die zu 100 Prozent pflanzliche Zutaten enthalten, seien nur etwas für „echte" Veganer, und daher gebe es keinen triftigen Grund, auf ein „richtiges" Dessert mit Butter, Sahne, Milch und Eiern zu verzichten. Wenn ich ihnen dann die ethischen Gründe für eine vegane Lebensweise aufzähle, bekomme ich häufig zu hören: „Ich mag Butter viel zu gern" oder „Auf … könnte ich nicht verzichten", was mich jedes Mal etwas ratlos macht. Die beste Antwort, die ich Ihnen darauf geben kann, finden Sie in diesem Buch. Probieren Sie meine veganen Desserts, die den bekannten süßen Klassikern in nichts nachstehen, und überzeugen Sie sich selbst!

Neulinge in der veganen Küche können ganz unbesorgt sein: Die Zubereitung von Desserts ohne Eier und Butter ist nicht kompliziert. Und ich bin fest davon überzeugt, dass meine veganen Rezepte selbst verwöhnte Flexitarier überzeugen.

Im Rezeptteil warten leckere vegane Desserts auf Sie, die ich in drei Kapitel unterteilt habe: die süßen Klassiker, die schnell und einfach zubereitet sind; etwas aufwendigere Desserts, wenn Sie Lust auf eine besondere Nascherei haben oder Ihre Gäste mit einem süßen Augenschmaus verwöhnen wollen, und die absolut köstlichen süßen Versuchungen, die nicht nur für Naschkatzen ein unwiderstehliches Vergnügen sind. Und zum Schluss möchte ich allen Skeptikern eine gute Nachricht mit auf den Weg geben: Wir können die Welt auch auf genussvolle Weise verändern!

Zubereitungstipps und Küchenhelfer

Die veganen Desserts in diesem Buch habe ich im Umluftbackofen sowie auf Glaskeramik-Kochfeldern zubereitet. Je nach Gerät kann ihre Zubereitungszeit etwas variieren. Wenn Sie ein Rezept zum ersten Mal ausprobieren, sollten Sie in der Nähe des Backofens bleiben, um die optimale Backzeit herauszufinden.

Die Mengenangaben für 1, ½ oder ¼ Teelöffel (TL) bzw. Esslöffel (EL) geben die gestrichene Menge der jeweiligen festen Zutat an. Bei flüssigen Zutaten entspricht 1 Teelöffel 5 Millilitern und 1 Esslöffel misst 15 Milliliter Flüssigkeit. Ich empfehle Ihnen, ein Messlöffel-Set (siehe „Bezugsquellen", Seite 75) anzuschaffen, damit Ihnen Enttäuschungen durch ungenaue Zutatenmengen erspart bleiben. Da die üblichen Löffel selten der Standardgröße entsprechen, sollten Sie Zutaten wie Backpulver, Salz oder Agar-Agar nicht damit abmessen.

Für die Zubereitung sind Töpfe aus Edelstahl, Backformen aus qualitativ hochwertigem Weiß- oder Schwarzblech bzw. aus Emaille und Kochplatten oder -felder aus Glaskeramik die beste Wahl. Ihre Anschaffung lohnt sich und wird Ihnen lange Zeit Freude bereiten. Verzichten Sie aber möglichst auf Kochgeschirr aus Aluminium oder Kupfer sowie auf Backformen mit Antihaftbeschichtung auf Basis von Flourpolymeren. Und verwenden Sie beschichtete Backformen nicht mehr, sobald sie Beschädigungen aufweisen. Fetten Sie Ihre Backformen stets gut ein und/oder legen Sie sie mit Backpapier aus, damit sich das Gebäck anschließend leicht herauslösen lässt.

Eine BPA-freie Rührschüssel sowie ein Schneebesen aus Edelstahl, ein Teigschaber aus Holz und ein ebenso BPA-freier Silikonspatel gehören zur Grundausstattung und sind unentbehrliche Küchenhelfer, wenn Sie im Handumdrehen einen glatten Teig herstellen wollen. Ein Pinsel mit Synthetik- oder auch Naturhaaren ist nützlich, z. B. um kleine Backformen einzufetten oder Hefegebäck mit pflanzlicher Milch zu bestreichen. Ein Abkühlgitter oder einen Backofenrost benötigen Sie zum gleichmäßigen Abkühlen von Kuchen und Kleingebäck. Wenn Sie das noch heiße Gebäck oder den Kuchen auf eine Kuchenplatte geben, wird die Unterseite weich. Dies können Sie vermeiden, indem Sie ein Abkühlgitter verwenden, unter dem die Luft zirkulieren kann. Ein Gitter aus Edelstahl ist erschwinglich und unverwüstlich.

Für manche Desserts (wie Cannelés, Gugelhupf, Cupcakes oder Muffins) brauchen Sie spezielle Backformen, die Sie in Fachgeschäften für Küchenzubehör, in der Haushaltswarenabteilung von Kaufhäusern oder im Internet bekommen. Qualitativ hochwertige Formen (vor allem solche aus Metall) können ein Leben lang halten.

Die wichtigsten Zutaten

Mehl

Die meisten Rezepte habe ich mit Weizenmehl Type 550 zubereitet. Type 812 sowie 1050 sind nicht ganz so fein ausgemahlen, können aber ebenfalls verwendet werden. Und auch urwüchsigere Mehle wie Dinkel, Einkorn oder Kamut finden Sie unter den Zutaten. Da diese Getreidesorten Gluten (Klebereiweiß) enthalten, können Sie sie problemlos anstelle von Weizenmehl nehmen. Beachten Sie jedoch, dass bei einem mit Vollkornmehl zubereiteten Teig die Backzeit etwas länger ist.

Wenn Sie eine Glutenunverträglichkeit haben, können Sie die Rezepte mit Ihren glutenfreien Lieblingsmehlmischungen ausprobieren. Ich kann jedoch nicht bei jedem einzelnen Dessert für ein optimales Ergebnis garantieren, da Rezepte für glutenfreies veganes Gebäck in der Regel überarbeitet oder neu zusammengestellt werden müssen.

Zucker

Ich verwende hellen Rohrohrzucker, also einen unraffinierten Zucker, der noch einen Teil der Melasse enthält und nach dem Zentrifugieren lediglich getrocknet wird. Rohrohrzucker hat keinen intensiven Eigengeschmack und seine feinen Kristalle sind ideal für die Zubereitung von süßen Leckereien. Wenn ich ein Süßungsmittel mit kräftigerem Geschmack benötige, greife ich zu Kokosblütenzucker oder Ahornsirup. Der etwas gröbere dunkle Rohrohrzucker (Demerara) ergibt häufig eine andere Konsistenz. Vollrohrzucker (Rapadura) färbt Desserts stärker ein und hat aufgrund seines höheren Melasseanteils einen karamellartigen Geschmack.

Nussmuse

Die folgenden Muse aus Nüssen oder Saaten sind fantastisch für vegane Desserts:

- Weißes Mandelmus und Cashewmus sind sehr mild und cremig. Sie eignen sich perfekt als Ersatz für Eier oder Butter, da sie keinen ausgeprägten Eigengeschmack haben, und lassen sich im Teig problemlos verarbeiten.
- Intensiv schmeckende Muse wie Haselnuss-, Pistazien- oder schwarzes Sesammus sollten Sie allerdings sehr sparsam einsetzen, um ein Dessert zu aromatisieren, einen Teig geschmeidiger zu machen oder zu binden.

Öle

Ich habe mich entschieden, für meine Desserts keine Margarine zu verwenden, da sie meist Palmöl enthält. Außer bei Kokosöl, das nicht durch andere Öle ersetzt werden kann, finden Sie in den Rezepten stattdessen lediglich die Angabe „naturreines Pflanzenöl". Sie haben also die Wahl! Nehmen Sie ein mildes, geschmacksneutrales Öl, das auch höhere Temperaturen verträgt, wie etwa:

- *Sonnenblumenöl* (möglichst mild für einen neutralen Geschmack)
- *Rapsöl* (hat einen leichten Nachgeschmack, der von manchen Menschen als unangenehm empfunden wird)
- *Traubenkernöl* (ist geschmacksneutral, aber leider sehr teuer)
- *Olivenöl* (möglichst mild, während des Backens schwächt sich sein Eigengeschmack etwas ab oder „verfliegt" vollständig; ideal, wenn Sie kleine Mengen Öl brauchen)
- *Erdnussöl* (ist nicht geschmacksneutral, eignet sich aber gut für Kleingebäck)
- eine spezielle *„Backöl"-Mischung* (nicht zu verwechseln mit Bratöl), mit möglichst neutralem Eigengeschmack sowie verbesserten Eigenschaften für die Verwendung bei hohen Temperaturen

Wenn Sie ein qualitativ hochwertiges, gesundes Pflanzenöl suchen, sollten Sie am besten zu einem Öl in Bio-Qualität aus erster Kaltpressung greifen.

Pflanzliche Milch

Wenn in den Rezepten keine bestimmte pflanzliche Milch angegeben ist, können Sie jede Sorte verwenden, die Sie mögen oder gerade zur Hand haben. Achten Sie jedoch darauf, eine Pflanzenmilch mit neutralem Eigengeschmack zu nehmen. (Haselnuss- oder Kastanienmilch enthalten beispielsweise zahlreiche natürliche Aromen, die möglicherweise mit dem Rezept nicht harmonieren.) Ich verwende vorwiegend Mandel-, Soja-, Hafer-, Dinkel- oder Reismilch. Dabei greife ich am liebsten zu mit Kalzium angereicherten Milchsorten ohne Aroma- und Zuckerzusatz..

Schokolade

Zum Backen bevorzuge ich vegane Bio- und Fairtrade-Zartbitterschokolade, die Sie in den meisten Bioläden oder -supermärkten im Regal für Backzutaten finden. Sie ist meist günstiger und zum Backen besser geeignet als eine Tafel Bio-Schokolade mit höherem Kakaoanteil. Gehackt verwandelt sie sich im Handumdrehen in große Schokodrops oder auch kleinere -chunks.

Hinweis:

Die meisten der verwendeten Zutaten sind in Naturkostläden, im Bio-Supermarkt oder in Reformhäusern erhältlich. In den „Bezugsquellen" auf Seite 75 finden Sie zudem eine Liste von Online-Shops, über die Sie einige der Zutaten beziehen können.

Natürlich ohne Ei

Wenn man mir die berühmte Frage stellt: „Und wie ersetzen Sie die Eier?", antworte ich darauf gern: „Ach, wissen Sie, im Grunde sind Eier bei vielen Rezepten gar nicht nötig." Damit möchte ich meine Gesprächspartner darauf hinweisen, dass man bei der Zubereitung der meisten Desserts problemlos ohne Eier auskommt. Und das bedeutet letztendlich, dass sie auch beim Backen entbehrlich sind. Es gibt zahlreiche Tabellen, in denen aufgelistet wird, wie man ein Ei durch verschiedene pflanzliche Alternativen wie etwa Frucht- und Gemüsepüree, Bananen, Agar-Agar, Sojajoghurt, Leinsamen, Seidentofu oder Stärkemehl ersetzen kann. Solche Informationen mögen zwar ganz hilfreich sein, wenn man ein herkömmliches Rezept vegan zubereiten will und nicht weiß, wie man am besten vorgehen soll. Doch dabei ist es vor allem wichtig, zu verstehen, was Eier beim Backen eigentlich bewirken und welche Zutaten dieselbe Funktion erfüllen können. Diese Zutaten wiederum haben jedoch möglicherweise Eigenschaften, die für ein bestimmtes Rezept gar nicht geeignet sind. Ein Ei in einem Kuchenteig durch Seidentofu, Speisestärke oder eine Banane zu ersetzen führt beispielsweise nicht immer zu dem gewünschten Ergebnis. Daher arbeiten Sie besser nicht mit solchen Tabellen, die sich im Detail oft als viel zu ungenau erweisen.

Eier sind vor allem praktisch, weil sie meist mehrere Aufgaben zugleich erfüllen: Sie binden den Teig, machen ihn lockerer oder geschmeidiger und fördern sein Aufgehen. Diese Aufgaben können aber auch andere Zutaten – wie Fette, Flüssigkeiten oder Backpulver – übernehmen. Sie müssen die Eier also nicht unbedingt ersetzen, indem Sie eine weitere Zutat hinzufügen. Stattdessen können Sie einfach die Menge der angegebenen Zutaten verändern, indem Sie z. B. etwas mehr Backpulver nehmen, damit der Kuchen besser aufgeht, etwas mehr Fett anstelle des Eigelbs verwenden oder die Flüssigkeitsmenge anpassen. Da ich diese wertvollen Zutaten in meinen Rezepten ohnehin verwende, sehe ich sie nicht als speziellen Ei-Ersatz an. Selbstverständlich gibt es aber auch Ausnahmen, wie z. B. die Walnusskekse auf Seite 24, bei denen die Eier durch eine spezielle Zutat ersetzt werden müssen. Für diese Art von Keksen wird normalerweise Eiweiß verwendet. Als Ersatz habe ich Leinsamengelee hergestellt, das sich für die Zubereitung dieser Kekse hervorragend eignet und bestens die Rolle des Eiweißes übernimmt.

Um Sie beim Umwandeln von herkömmlichen in vegane Rezepte zu unterstützen, habe ich im Folgenden ein paar Tipps zu den Zutaten zusammengestellt, die häufig als Ei-Ersatz verwendet werden.

Damit der Kuchen locker wird

- Verwenden Sie phosphatfreies *Weinstein-Backpulver* als biologische Alternative zu herkömmlichem Backpulver. Je nach der im Rezept angegebenen Menge können Sie davon ½ bis 1 Teelöffel dazugeben oder die angegebene Menge verdoppeln, wenn Sie für ein Rezept beispielsweise Eischnee zubereiten müssen.
- *Natron* (Natriumbikarbonat wirkt, mit etwas Apfelessig vermischt, als Säuerungsmittel und lockert den Teig auf, wodurch er besser aufgeht). Es kann allein oder auch als Ergänzung zum Backpulver eingesetzt werden.
- *Maisstärke.* Nach einer unter Liebhabern von selbst gebackenen Kuchen verbreiteten Technik können Sie Mehl und Maisstärke zu gleichen Teilen vermischen, damit wird das Gebäck schön luftig-locker. Backpulver brauchen Sie dennoch.

Damit das Binden und Andicken besser gelingt

- *Bananen* sind perfekt für ... Bananenrezepte! Da sie einen ausgeprägten Eigengeschmack haben, sind sie jedoch nicht für jedes vegane Dessert geeignet. Sie können aber eine vollreife Banane im Mixer fein pürieren, um einen glatteren Teig zu erhalten.
- *Stärkemehl* (beispielsweise aus Mais, Kartoffeln, Tapioka oder Pfeilwurzel). In eine Flüssigkeit eingerührt und erhitzt wird es zum Andicken verwendet, z. B. um englische Creme oder Vanillecreme herzustellen. Kalt angerührt kann man es für Panaden, Brandteig oder dünnflüssigen Pfannkuchenteig sowie für Crêpes oder Pancakes verwenden. Sie können es aber auch in kleinen Mengen zu einem Teig dazugeben, damit dieser besser bindet.
- *Pflanzliche Sahne* oder *Sojajoghurt*. Manchmal liefert ein Ei lediglich etwas Feuchtigkeit, um den Teig zu binden. Diese Aufgabe erfüllen pflanzliche Sahne und Sojajoghurt bestens.
- *Fein gemahlene Lein- bzw. Chiasamen* oder *Leinsamengelee*. Vermischen Sie die frisch gemahlenen Samen mit Wasser und stellen Sie sie zum Quellen beiseite. Alternativ können Sie Leinsamengelee zubereiten, indem Sie die Samen mit Wasser aufkochen. Sie erhalten in beiden Fällen ein eiweißähnliches Gel.

Damit die Konsistenz saftig oder geschmeidig wird

- *Frucht- oder Gemüsepüree* habe ich für die Rezepte in diesem Buch nicht verwendet. Es leistet Ihnen aber gute Dienste, denn damit wird Ihr Kuchen (insbesondere Schokoladenkuchen) schön feucht und saftig.
- *Seidentofu.* Ich verwende ihn fast ausschließlich für Käsekuchen, Cremes, Pudding, Flan oder bayerische Creme. Kuchen verleiht er eine weichere Konsistenz.
- *Muse aus Nüssen und Saaten* machen den Teig geschmeidiger und ihr Fettgehalt kann den eines Eigelbs hervorragend ersetzen.

Die schnellen

Klassiker

Matcha-Cookies

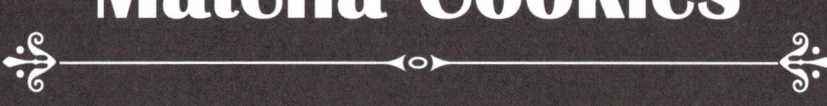

MIT MANDELN UND SCHOKOLADE

Japaner lieben Desserts mit Matcha. Der zu feinstem Pulver vermahlene Grüntee hat seit einigen Jahren auch hierzulande einen festen Platz als geschätzte Zutat für Süßspeisen und Feingebäck, aber auch in den Herzen vieler Fans der gesunden Küche erobert. Bei diesen Cookies betont er das feine Aroma von Mandeln und Schokolade, bereichert ihren Geschmack um eine raffinierte grüne Note und bildet einen köstlichen Kontrast zu den ansonsten recht schlichten Zutaten.

FÜR 10 BIS 12 COOKIES

175 g heller Rohrohrzucker • 150 ml naturreines Pflanzenöl • 60 ml Sojasahne • 1 EL Maisstärke • ¼ TL Vanillepulver • ½ TL Salz • ½ TL Natron (Natrium-bikarbonat) • 4 TL Matcha • 150 g Einkorn-Vollkornmehl • 150 g helles Dinkelmehl • 40 g ganze Mandeln • 65 g vegane Zartbitterschokolade

In einer Schüssel mit dem Schneebesen zunächst Zucker und Öl, anschließend Sojasahne, Stärke und Vanille verrühren. Salz, Natron und Matcha dazugeben. Nach und nach das Mehl mit einem Spatel unterziehen und die Mischung zu einem zähflüssigen, glatten Teig verarbeiten, der noch etwas klebrig ist. Die Mandeln sowie die Schokolade mit dem Messer klein hacken und unter den Cookie-Teig heben. Anschließend zu Kugeln formen und diese zwischen den Handflächen flach drücken. Die Cookies auf ein mit Backpapier ausgelegtes Backblech setzen und im Backofen bei 180 °C etwa 10 Minuten backen.
Die fertigen Cookies sollten innen noch weich und an der Außenseite nur leicht gebräunt sein. Auf einem Rost abkühlen lassen. Dabei werden sie etwas härter, aber der Kern bleibt weich.

Vanille-Zimt-Pop-Tarts

Das berühmte amerikanische Teiggebäck, das es in den verschiedensten Variationen gibt, ist entfernt mit unseren Teigtaschen verwandt und im Handumdrehen zubereitet. Diese Vanille-Zimt-Pop-Tarts sind garantiert gesünder und dank des Kokosblütenzuckers sowie des Kamutmehls viel aromatischer. Wenn Sie wollen, können Sie sie mit Früchten der Saison füllen. In Butterbrottüten verpackt, sind Pop-Tarts ein idealer Snack für unterwegs.

FÜR ETWA 12 POP-TARTS

TEIG • 175 g Kamutmehl • 30 g heller (oder auch dunkler) Rohrohrzucker • 1 Prise Salz • 3 EL naturreines Pflanzenöl • 7 EL Wasser
FÜLLUNG • 30 g Kokosblütenzucker • ½ TL Vanillepulver • ½ TL gemahlener Zimt • 1 EL naturreines Pflanzenöl • 2–3 EL püriertes Obst der Saison oder Fruchtkompott (wenn gewünscht)

Für den Teig in einer Schüssel Mehl, Zucker und Salz vermischen. Das Öl hinzufügen und mit einer Gabel oder den Fingerspitzen unterziehen. Nach und nach das Wasser dazugeben und die Masse zu einer glatten Teigkugel verarbeiten. Wenn die Kugel zu klebrig ist, mit etwas Mehl bestäuben. Anschließend 30 Minuten kühl stellen, damit der Teig etwas fester wird.
Für die Füllung die Zutaten in einer zweiten Schüssel vermischen und beiseitestellen. Den Teig auf einer bemehlten Arbeitsfläche ausrollen. Zunächst in breite Streifen und dann in gleich große Rechtecke schneiden. Jeweils 1 Teelöffel Füllung auf ein Rechteck geben, dieses mit einem zweiten Rechteck bedecken und die Ränder leicht zusammendrücken. Mit einer Gabel fest andrücken, sodass ein gleichmäßiges Muster (siehe Foto gegenüber) entsteht.
Die Pop-Tarts auf ein mit Backpapier ausgelegtes Backblech legen. Im Backofen 10 bis 12 Minuten bei 150 °C backen. Die fertigen Pop-Tarts sollten leicht aufgegangen und goldbraun sein.

Peach-Cobbler

Unter den Desserts aus Früchten, die im Ofen mit Teig überbacken werden, ist der amerikanische Cobbler die saftigste Crumble-Version. Bei dieser klassischen Variante wird der Teig esslöffelweise auf die Pfirsichstücke gegeben. Er vermischt sich beim Backen mit dem Obst. Die Mandeln ersetzen die tierischen Produkte und machen den fruchtigen Auflauf zu einem köstlichen veganen Gaumenschmaus.

FÜR 4 BIS 6 PERSONEN

100 g Einkorn-Vollkornmehl (oder Type 1050) • 75 g heller Rohrohrzucker • 1 TL Weinstein-Backpulver • ¼ TL Salz • ¼ TL Vanillepulver • 30 g gemahlene Mandeln • 125 ml Mandelmilch • 3 EL naturreines Pflanzenöl • 2½ EL weißes Mandelmus • 600 g Pfirsiche, geschält und geviertelt

Die trockenen Zutaten in einer Schüssel vermengen. Mandelmilch, Öl und Mandelmus in einer zweiten Schüssel verrühren. Die flüssigen Zutaten mit einer Gabel unter die trockenen Zutaten ziehen und gut durchmischen.
Eine mittelgroße Auflaufform einfetten und den Boden dicht mit Pfirsichstücken belegen. Den Teig in Abständen esslöffelweise darübergeben und den Cobbler im Backofen 20 Minuten bei 180 °C backen.

Schlemmervariation: Bei diesem Cobbler können Sie Früchte und Obst der Saison nach Belieben kombinieren. Probieren Sie ihn z. B. mit Aprikosen und Heidelbeeren, mit Erdbeeren und Mango oder mit Äpfeln, Birnen und Zimt – und warum nicht auch für alle Naschkatzen mit Haselnussmus und -milch sowie mit Schokodrops?

Walnusskekse

Bei diesen Keksen lässt sich das herkömmlich verwendete Eiweiß gut durch Leinsamengelee ersetzen. Sie haben vermutlich kaum Zeit zum Abkühlen, denn sie schmecken so lecker, dass Sie sich zurückhalten müssen, damit Sie die Kekse nicht gleich aufessen! Außen knusprig, innen zart und unwiderstehlich gut – diese Walnusskekse sind meine veganen Favoriten!.

FÜR ETWA 16 KEKSE

100 g Walnüsse • 4 EL Leinsamengelee (Rezept siehe unten) • 100 g heller Rohrohrzucker • 1 TL Weinstein-Backpulver • ¼ TL Vanillepulver • ¼ TL Salz • 1 EL naturreines Pflanzenöl • 1 EL weißes Cashewmus • 100 g Weizenmehl Type 550

Die Walnüsse im Mörser fein zerstoßen.

In einer Schüssel Leinsamengelee und Zucker einige Minuten gut verrühren, die zerstoßenen Nüsse, Backpulver, Vanille und Salz unterziehen und die Mischung gut vermengen. Öl und Cashewmus mit einem Spatel einrühren. Nach und nach das Mehl unterheben.

Zwischen den Handflächen aus dem Teig kleine Kugeln formen, flach drücken und auf ein mit Backpapier ausgelegtes Backblech setzen. Im Backofen 10 Minuten bei 180 °C backen. Die Kekse sollten leicht gebräunt sein. Auf einem Rost abkühlen lassen.

LEINSAMENGELEE • 250 ml Wasser • 4 EL Goldleinsamen

In einem kleinen Topf Leinsamen und Wasser verrühren, erhitzen und einige Minuten kochen lassen, bis die Leinsamen Schleim gebildet haben. Diese durch ein feines Sieb abgießen. Anschließend das Gelee in ein Glas füllen und kühl stellen. Leinsamengelee hält sich im Kühlschrank 2 bis 3 Tage.

Cherry-Pies

Bei Obsttarte scheiden sich die Geister: Sollte der Boden besonders flach sein, bereitet man sie mit oder ohne Vanillecreme zu, schmeckt sie besser mit frischem oder mit gekochtem Obst? Diese Pies sind eine amerikanische Variante der berühmten französischen Tarte. Sie sind reichhaltig mit zart gekochten Früchten gefüllt. Dank ihrer Größe lassen sie sich gut aufbewahren und sind bestens geeignet als Mitbringsel oder für ein Picknick.

FÜR 8 BIS 10 PIES

TEIG • 250 g Einkornmehl • 30 g heller Rohrohrzucker • 3 EL naturreines Pflanzen-öl • 2 EL weißes Mandelmus • 6 EL Wasser
FÜLLUNG • 2½ EL heller Rohrohrzucker • 2 EL Zitronensaft • 3 EL Maisstärke • 1 TL naturreiner Vanilleextrakt • 500 g Kirschen, entsteint

Für den Teig Mehl und Zucker in einer Schüssel mischen. Das Öl mit einer Gabel unterziehen. Mandelmus und Wasser dazugeben. Zu einer glatten Teigkugel verkneten und diese zugedeckt 30 Minuten im Kühlschrank ruhen lassen.
Für die Füllung alle Zutaten gut vermengen.
Den Teig auf einer bemehlten Arbeitsfläche ausrollen. Teigkreise in der Größe von Muffinformen ausstechen und die Formen damit auslegen. Dann kleine Teigstreifen ausschneiden. Die Kirschfüllung auf den Böden verteilen und jeweils bis zum Rand der Form füllen. Die Teigstreifen gitterförmig auf die Füllung legen und an den Rändern gut andrücken. Achten Sie darauf, dass die Streifen an den Rändern fest verschlossen sind. Im Backofen 15 bis 20 Minuten bei 150 °C backen.

Kürbis-Pies

IM GLAS

Sie haben das große Comeback der Einmachgläser verpasst? Mit diesem cremigen „Kürbiskuchen" im Glas, den Sie nicht einmal backen müssen, liegen Sie voll im Trend! Darin können Sie ihn servieren oder im Kühlschrank aufbewahren … falls noch etwas davon übrig bleibt.

FÜR 6 PERSONEN

STREUSEL-„TEIG" • 100 g Rohrohrzucker • 130 g Einkornmehl • 3 EL Kokosöl • 1 EL weißes Cashewmus • ½ TL gemahlener Zimt
FÜLLUNG • 400 g Hokkaidofleisch ohne Schale, in Stücke geschnitten und gekocht • 6 EL Sojasahne • 60 g heller Rohrohrzucker • 2 TL naturreiner Vanille-extrakt • ¼ TL gemahlener Zimt • Kokossahne (wahlweise, Menge nach Wunsch)

Für den „Teig" alle Zutaten in einer Schüssel vermengen und mit einer Gabel zu Streuseln verarbeiten. Anschließend auf einem mit Backpapier ausgelegten Backblech verteilen und im Backofen 15 Minuten bei 150 °C backen. Abkühlen lassen.
Für die Füllung die abgekühlten Kürbisstücke mit den restlichen Zutaten im Mixer oder in der Küchenmaschine zu einer glatten, dickflüssigen Creme verarbeiten. Ein paar einzelne Streusel beiseitestellen. Die übrigen Streusel in sechs Gläser füllen und die Kürbiscreme darüberschichten. Nach Belieben etwas Kokossahne daraufgeben und mit Streuseln garniert servieren.
In verschlossenen Gläsern halten sich die Kürbis-Pies gekühlt etwa 2 Tage.

Apfel-Streusel-Kuchen

Dieses Dessert ist Kuchen und Crumble zugleich. Es schmeckt absolut lecker und ist im Handumdrehen fertig! Und wenn Sie ein Grundrezept für Obstkuchen oder für einen Crumble-Teig suchen, können Sie Teile des Rezepts hervorragend dafür nutzen.

FÜR 6 BIS 8 PERSONEN

KUCHEN • 250 g Kamutmehl • 2½ TL Weinstein-Backpulver • 175 g Rohrrohrzucker • ½ TL Vanillepulver • 100 ml naturreines Pflanzenöl • 2 große Äpfel
STREUSEL • 80 g heller Rohrohrzucker • 5 EL Kokosöl • 150 g Kamutmehl • 4 EL Kleinblatt-Haferflocken • ¼ TL gemahlener Zimt • ¼ TL Vanillepulver

Für den Kuchen Mehl und Backpulver in eine Schüssel sieben, Zucker sowie Vanille dazugeben und das Öl unterziehen.
Die vom Kerngehäuse befreiten Äpfel schälen und in mittelgroße Stücke schneiden. Unter den Teig ziehen und diesen in eine eingefettete runde Kuchenform mit hohem Rand (am besten eine Springform) füllen.
Für die Streusel alle Zutaten in einer zweiten Schüssel mit den Fingerspitzen vermischen und gleichmäßig auf dem Kuchen verteilen.
Im Backofen etwa 40 Minuten bei 180 °C goldbraun backen. Eine Garprobe machen, indem Sie ein Messer in die Mitte des Kuchens stechen. Bleibt die Klinge nach dem Herausziehen trocken, ist der Kuchen fertig. Ansonsten backen, bis kein Teig mehr daran klebt.

Bananenmuffins

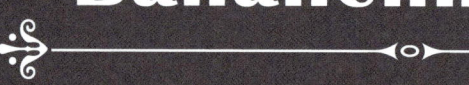

MIT SCHOKOSTÜCKCHEN

Ein Klassiker, dessen Geheimnis nur wenige kennen: Dank der Bananen können Sie auf das Ei verzichten. Und schon haben Sie ein einfaches Rezept für köstliche vegane Muffins zur Hand.

FÜR 10 MUFFINS

2 vollreife Bananen • 90 ml naturreines Pflanzenöl • 200 g heller Rohrohrzucker • 10 g Weinstein-Backpulver • 60 ml pflanzliche Milch der Wahl (z. B. Mandel-, Hafer-, Dinkel-, Reis- oder Sojamilch) • ½ TL Vanillepulver • 265 g Einkornmehl • 70 g vegane Zartbitterschokolade

Die Bananen zerdrücken oder pürieren und in einer Schüssel mithilfe eines Schneebesens mit Öl und Zucker verrühren.
Backpulver, pflanzliche Milch und Vanille dazugeben. Dann nach und nach das Mehl mit einem Spatel unterziehen.
Die Schokolade in kleine Stücke hacken und unter den Teig heben.
Eine Muffinform mit Papierförmchen auslegen und diese jeweils zu drei Vierteln mit Teig füllen.
Im Backofen etwa 20 Minuten bei 180 °C goldbraun backen. Die Muffins sollten innen schön saftig sein.

Kernig-fruchtiger

HEFEZOPF

Wenn man einmal den Dreh für einen leckeren veganen Hefezopf heraushat, ergeben sich unendlich viele Möglichkeiten. Diese köstliche Brioche ist Nahrung für die Seele und passt hervorragend zu einer winterlichen Kaffeerunde oder auch zum Frühstück. Die Nüsse, Kerne und Trockenfrüchte sind wunderbar nahrhafte Energiespender.

FÜR 8 PERSONEN

400 g Weizenmehl Type 550 • 1½ TL Trockenhefe • 60 g heller Rohrohrzucker • ½ TL Salz • 200 ml pflanzliche Milch der Wahl (z. B. Mandel-, Hafer-, Dinkel-, Reis- oder Sojamilch), zimmerwarm • 50 ml naturreines Pflanzenöl • 15 g weißes Cashewmus • 20 g gehackte Haselnüsse • 20 g gehackte Mandeln • 15 g gehackte Pistazien • 20 g getrocknete Heidelbeeren • 3 getrocknete Feigen, in kleine Stücke geschnitten • etwas pflanzliche Milch zum Bestreichen (Menge nach Bedarf) • 2 EL Hagelzucker

In einer großen Rührschüssel Mehl, Trockenhefe, Zucker und Salz vermischen. Die lauwarme pflanzliche Milch dazugeben und einrühren.
In einer zweiten Schüssel Öl und Cashewmus mit der Gabel verrühren. Zu dem Hefeteig geben und auf einer bemehlten Arbeitsfläche 10 Minuten einkneten.
Die Teigkugel in einer Schüssel zugedeckt an einem zugfreien, warmen Ort 1½ Stunden gehen lassen. Anschließend den Teig in drei gleich große Portionen aufteilen. Diese zu langen Strängen formen, flach drücken. Haselnüsse, Mandeln, Pistazien, Heidelbeeren und Feigen vermischen und in den Teig einarbeiten.
Die Teigstränge mehrmals aufeinanderfalten und erneut zu gleichmäßig runden Strängen rollen (ohne sie dabei in die Länge zu ziehen).

Dann die drei Stränge zu einem Zopf flechten, diesen in eine eingefettete Frankfurter-Kranz-Form legen. Dabei die Enden nach unten einschlagen. Den Zopf mit pflanzlicher Milch bestreichen und den Hagelzucker darauf verteilen.

Damit das Gebäck noch saftiger wird, ein kleines Gefäß mit Wasser in den Back- ofen stellen; durch den Wasserdampf wird die Hitze etwas feuchter.

Im Backofen etwa 20 Minuten bei 180 °C goldbraun backen. Auf einem Rost auskühlen lassen und erst danach aus der Form nehmen. Den Hefezopf zur Aufbewahrung in ein sauberes Küchentuch einschlagen, damit er nicht austrocknet.

Die Raffinierten
für besondere
Anlässe

Pistazientörtchen

MIT PFIRSICHKUPPEL

Ein besonders gelungenes Beispiel dafür, wie lecker veganes Backwerk schmeckt, sind diese himmlisch duftenden Pistazientörtchen, die von einer mit Agar-Agar gelierten Pfirsichkuppel gekrönt werden!

FÜR 4 PERSONEN

TÖRTCHEN • 150 g Weizenmehl • 100 g heller Rohrohrzucker • TL Salz • 2 EL naturreines Pflanzenöl • 2 EL Pistazienmus • 50 ml Wasser
PFIRSICHKUPPEL • 500 g Pfirsiche, entkernt und geschält • 100 ml Wasser • 50 g heller Rohrohrzucker • 1 TL Agar-Agar
ZUM DEKORIEREN • gehackte Pistazien (Menge nach Wunsch)

Für die Törtchen in einer Schüssel Mehl, Zucker und Salz vermischen. In einer zweiten Schüssel das Öl unter das Pistazienmus ziehen und über die trockenen Zutaten gießen. Mit einem Spatel einarbeiten und Wasser dazugeben, bis eine glatte Teigkugel entsteht. Den Teig auf einer Lage Backpapier etwa 1 Zentimeter dick ausrollen. Auf ein Backblech legen und im Backofen 10 bis 15 Minuten bei 160 °C backen. Abkühlen lassen. Anschließend mithilfe einer kreisrunden Ausstechform mit 8 Zentimetern Durchmesser 4 Törtchen ausstechen und diese beiseitestellen.
Für die Pfirsichkuppel alle Zutaten im Mixer fein pürieren. Dann in einem Topf erhitzen und unter gelegentlichem Rühren 1 bis 2 Minuten kochen lassen. Die Masse in halbkugelförmige Schälchen mit 7 bis 8 Zentimetern Durchmesser füllen, abkühlen und anschließend im Kühlschrank etwa 1 Stunde fest werden lassen. Zum Anrichten jeweils ein Törtchen auf einen Dessertteller geben, eine Pfirsichkuppel vorsichtig aus der Form lösen und auf das Törtchen setzen. Mit Pistaziensplittern bestreut servieren.

Rosen-Canneleś

Es gibt Gebäckspezialitäten, an die man sich als Einsteiger in die vegane Küche nicht gleich heranwagt. Doch ich versichere Ihnen, dass die Zubereitung dieser raffiniert aromatisierten kleinen Minitörtchen aus Bordeaux wirklich ein Kinderspiel ist! Bei diesem Rezept habe ich das Ei durch eine Kombination von Stärke und Cashewmus ersetzt.

FÜR ETWA 15 CANNELÉS

350 ml pflanzliche Milch der Wahl (z. B. Mandel-, Hafer-, Dinkel-, Reis- oder Sojamilch) • 150 ml Sojasahne • 1 TL naturreiner Vanilleextrakt • 1 EL Rosenwasser • 200 g heller Rohrohrzucker • 50 ml naturreines Pflanzenöl • 1 EL weißes Cashewmus • 100 g Weizenmehl • 50 g Maisstärke

In einer Schüssel Milch und Sojasahne verquirlen. Anschließend Vanille, Rosenwasser und Zucker einrühren. Dann das Öl sowie das Cashewmus dazugeben und das gesiebte Mehl mit der Stärke hinzufügen. Die Mischung zu einem glatten Teig verarbeiten. Die Cannelé-Backformen nach Angaben des Herstellers einfetten, auf ein Backblech stellen und jeweils zu drei Vierteln mit Teig füllen.
Im Backofen etwa 50 Minuten bei 200 °C backen, bis die Cannelés karamellisiert sind. Sofort aus den Formen stürzen, auf einem Rost abkühlen lassen und servieren. Wenn Sie mögen, können Sie das Rosenwasser für eine ebenso köstliche Variante auch durch Orangenblütenwasser ersetzen.

Pannacotta-Törtchen
mit schwarzem Sesam und Himbeeren

Den einzigartigen Geschmack dieser Törtchen werden Sie nicht so schnell vergessen: Die Kombination von ungewöhnlichen Geschmacksnoten und ihre cremige Konsistenz machen sie zu einem himmlischen Genuss. Ein einfacher, sehr aromatischer Biskuitboden bildet die Grundlage für eine köstliche vegane Pannacotta. Sie werden verblüfft sein, wie leicht sie gelingen.

FÜR 4 PERSONEN

BISKUITTEIG • 100 g Sojajoghurt • 2 EL naturreines Pflanzenöl • 90 g heller Rohrrohrzucker • 1 EL schwarzes Sesammus (Tahin) • 75 g Weizenmehl • 1½ TL Weinstein-Backpulver

PANNACOTTA • 500 ml Sojasahne • EL Rohrrohrzucker • ¼ TL Vanillepulver • 1 EL Rosenwasser • 1 TL Agar-Agar

ZUM ANRICHTEN • 150 ml Himbeersauce • 20 frische Himbeeren • schwarze Sesamsamen (Menge nach Wunsch)

Für den Biskuitteig in einer Schüssel Joghurt, Öl und Zucker verquirlen. Das schwarze Sesammus dazugeben und gut einrühren. Anschließend das gesiebte Mehl zusammen mit dem Backpulver unterziehen. Eine 20 x 20 Zentimeter große Backform mit Backpapier auslegen und die Masse hineinfüllen. Im Backofen 15 Minuten bei 180 °C backen. Abkühlen lassen und mit vier Tortenringen von 8 Zentimetern Durchmesser Biskuitkreise ausstechen.
Die Tortenringe mit dem Biskuitboden auf ein mit Backpapier ausgelegtes Backblech setzen. Überprüfen Sie, ob der Metallring überall eng an dem Biskuit anliegt.
Für die Pannacotta alle Zutaten in einem mittelgroßen Topf zum Kochen bringen, dabei ständig umrühren, damit nichts ansetzt. Die Mischung 1 bis 2 Minuten köcheln lassen und anschließend in die vier Tortenringe füllen. Die Törtchen abkühlen lassen und etwa 1 Stunde in den Kühlschrank stellen.
Die Tortenringe vorsichtig abnehmen und die fertigen Törtchen auf einem Teller anrichten: Mit etwas Himbeersauce übergießen und mit jeweils 5 Himbeeren verzieren. Mit 1 Prise Sesamsamen bestreut servieren

Grüner Zebrakuchen

Wie der klassische Marmorkuchen ist auch seine vegane Variante kein Hexenwerk. Es macht Spaß, ihn zuzubereiten, und mit Cashewmus sowie etwas Backpulver geht dieser gesunde grüne Kuchen garantiert auf.

FÜR 8 PERSONEN

150 ml naturreines Pflanzenöl • 200 g Rohrohrzucker • 1 TL naturreiner Vanille-extrakt • ½ TL Salz • 3 EL weißes Cashewmus • 250 ml pflanzliche Milch der Wahl mit neutralem Geschmack (z. B. Mandel-, Hafer-, Dinkel-, Reis- oder Sojamilch) • 3 TL Weinstein-Backpulver • 250 g Weizenmehl Type 550 oder Type 812 • 100 g Maisstärke • 3 TL Matcha

In einer Schüssel Öl, Zucker, Vanille und Salz vermengen. Das Cashewmus dazugeben und gut verrühren. Die pflanzliche Milch darübergießen und mit dem Schneebesen zu einer homogenen Mischung verarbeiten. Backpulver, Mehl sowie Stärke sieben und unterziehen. Den Teig halbieren und in die eine Hälfte Matcha einrühren.
Eine runde Kuchenform mit hohem Rand einfetten. Nehmen Sie am besten eine Springform, damit sich der Kuchen leichter aus der Form lösen lässt.
Um ein schönes Zebramuster zu erhalten, in die Mitte der Form jeweils einen Esslöffel der einen Teigsorte und darüber einen Esslöffel der anderen geben. Den gesamten Teig auf diese Weise abwechselnd in die Form füllen. Im Backofen 40 Minuten bei etwa 180 °C backen und anschließend eine Garprobe machen: Ein Messer in die Mitte des Kuchens stechen und nach 5 Sekunden wieder herausziehen. Bleibt die Klinge trocken, ist der Kuchen fertig. Abkühlen lassen und anschließend stürzen. Vor dem Aufschneiden vollständig auskühlen lassen.

Variante: Etwas klassischer wird der Kuchen, wenn Sie statt Matcha 1 bis 2 Esslöffel Kakaopulver verwenden. Aber vielleicht wollen Sie ja gleich die Schoko-Matcha-Version ausprobieren?

Millefeuille

MIT HIMBEEREN

Vanillecreme ohne Milch und Butter? Für manche Menschen ist das einfach undenkbar. Doch Veganer zu sein bedeutet noch lange nicht, dass man auf Blätterteiggebäck verzichten muss! Diese köstliche Variante mit bekömmlicher Mandelmilch wird mit Sicherheit einen festen Platz unter Ihren Desserts erobern.

FÜR 4 PERSONEN

BLÄTTERTEIGPLATTE • 1 Packung veganer Blätterteig • 1 EL Puderzucker
VANILLECREME • 500 ml Mandelmilch • 40 g Maisstärke • 100 g heller Rohrrohrzucker • 1 EL weißes Cashewmus • ½ Vanilleschote • 1 Spritzer naturreines, geschmacksneutrales Pflanzenöl
ZUM ANRICHTEN • 250 g frische Himbeeren • rote Beeren der Wahl (Menge nach Wunsch)

Für die Blätterteigplatte den Blätterteig zu einem Rechteck ausrollen. Mit dem Puderzucker bestäuben und an mehreren Stellen mit einer Gabel einstechen. Anschließend das Teigrechteck auf ein mit Backpapier ausgelegtes Backblech legen und mit einer zweiten Lage Backpapier bedecken. Mit einem Backblech oder einem Kuchengitter beschweren, damit der Teig nicht aufgeht, und im Backofen 20 Minuten bei 180 °C backen..
Für die Vanillecreme ein Drittel der Mandelmilch mit Stärke, Zucker und Cashewmus in einer Schüssel verquirlen. Die Vanilleschote der Länge nach aufschlitzen, das Mark herauskratzen und mit der restlichen Mandelmilch in einen Topf geben. Die Milch bei starker Hitze aufkochen lassen und vom Herd nehmen, sobald sie aufwallt. Über die restlichen Zutaten in der Schüssel gießen und mit einem Schneebesen verquirlen.

Die Mischung zum Andicken wieder in den Topf geben und unter ständigem Rühren bei schwacher Hitze mit dem Schneebesen 4 bis 5 Minuten köcheln lassen. Die Creme in eine hohe Schüssel gießen und 1 Spritzer Öl auf die Oberfläche geben, damit sich beim Abkühlen keine Haut bildet.

Zum Anrichten die Blätterteigplatte in 3 gleich breite Streifen schneiden. Die Vanillecreme in einen Spritzbeutel füllen. Ein erstes Blätterteig-Rechteck auf die Servierplatte legen, an den Außenseiten abwechselnd Himbeeren und gleich hohe Vanillecreme-Tupfer platzieren, innen nur Creme-Tupfer. Das zweite Blätterteig-Rechteck daraufsetzen und ebenso belegen. Das dritte Rechteck auf die Himbeer-Vanille-Schicht geben, mit Puderzucker bestäuben und mit Beeren garniert servieren.

Mini-Orangen-Gugelhupf

Diesen lockeren, saftigen Orangen-Küchlein kann man einfach nicht widerstehen! Ihr Geheimnis beruht auf der Verbindung von Natron und Apfelessig, die dem Teig eine schaumige und angenehm fluffige Konsistenz verleihen.

FÜR ETWA 10 MINI-NAPFKUCHEN

175 g Weizenmehl Type 550 • 1 TL Weinstein-Backpulver • ½ TL Natron (Natriumbikarbonat) • 100 g heller Rohrohrzucker • ¼ TL Vanillepulver • 60 ml naturreines Pflanzenöl • 125 ml Orangensaft, frisch gepresst • 1 TL Apfelessig • 2 TL abgeriebene Schale von einer Bio-Orange • 125 ml Mandelmilch
GLASUR (WAHLWEISE) • 6 EL Puderzucker aus Rohrohrzucker • 2 EL Orangensaft, frisch gepresst

In einer Schüssel die trockenen Zutaten vermischen und in einer zweiten Schüssel die feuchten Zutaten mit dem Schneebesen zu einer homogenen Mischung verrühren. Über die trockene Mischung gießen und verquirlen. Die eingefetteten und bemehlten Mini-Gugelhupf-Formen zu drei Vierteln mit Teig füllen. Im Backofen 15 Minuten bei 180 °C goldbraun backen. Die Küchlein abkühlen lassen und aus der Form stürzen.
Für die Glasur alle Zutaten in einem Schälchen verrühren und jeden Gugelhupf mit 1 Teelöffel Orangensaftglasur überziehen.

Zitronen-Grieß-

PUDDING

Der Klassiker mit der charmanten Retro-Note präsentiert sich in diesem Rezept schwungvoll mit feinem Zitronenaroma und einer fruchtigen Sauce aus frischer Mango.

FÜR 4 PERSONEN

PUDDING • 600 ml pflanzliche Milch der Wahl (z. B. Mandel-, Hafer-, Dinkel-, Reis- oder Sojamilch) • 75 g heller Rohrohrzucker • 1 TL naturreiner Vanilleextrakt • ¼ TL gemahlener Zimt • abgeriebene Schale von einer Bio-Zitrone • 100 g mittel- feiner Weichweizengrieß • 1 EL Zitronensaft
TOPPING • 1 reife Mango • 1 EL Agavendicksaft • 1 TL Zitronensaft

Für den Pudding in einem Topf Milch, Zucker, Vanille, Zimt sowie Zitronenschale verrühren und bei starker Hitze aufkochen lassen. Den Grieß einrieseln lassen und den Zitronensaft dazugeben. Die Temperatur auf mittlere Hitze reduzieren und unter ständigem Rühren mit einem Holzlöffel 5 bis 10 Minuten weiterkochen. Sobald sich die Grießmasse gut vom Topfboden löst, den Pudding vom Herd nehmen. In einzelne Förmchen oder Puddingschälchen füllen und auf Zimmertemperatur abkühlen lassen. Anschließend in den Kühlschrank stellen.
Für das Topping die Mango schälen, entkernen und das Fruchtfleisch zusammen mit dem Agavendicksaft und dem Zitronensaft im Mixer zu einer glatten Sauce pürieren.
Die Grieß-Pudding-Küchlein aus der Form stürzen und mit dem Topping übergießen.

Spekulatius-

MARONI-DESSERT

Die leckersten winterlichen Aromen sind in diesem Dessert vereint, das durch die vegane Sojasahne und einen Hauch Vanille zu einer unwiderstehlichen Köstlichkeit wird. Es ist im Handumdrehen zubereitet und eignet sich hervorragend als süßer Abschluss für ein improvisiertes Abendessen mit Freunden oder als schnelles Festtagsdessert.

FÜR 4 PERSONEN

200 g vegane Spekulatiuskekse • 150 g kandierte Maronen (Marrons glacés) • 150 g Sojasahne • 200 g Sojajoghurt • ¼ TL Vanillepulver • 1 EL Agavendicksaft oder Ahornsirup

Kekse mit den Fingern zerbröseln und die Maronenstücke grob hacken.
In einer Schüssel Sojasahne und -joghurt vermischen. Vanillepulver dazugeben, gut durchrühren und den Agavendicksaft unterziehen.
Die Dessertcreme in Fingerfood-Gläschen oder Dessertschalen anrichten: Abwechselnd eine Schicht Spekulatiusbrösel, eine Schicht Maronen und eine Schicht Vanillesahne in die Gläser füllen. Damit der Spekulatius schön knusprig bleibt und nicht von der Sahne aufgeweicht wird, sollten Sie das Dessert erst kurz vor dem Servieren anrichten.

Die sündhaft
Köstlichen

Schoko-Haselnuss-

GUGELHUPF

Dieser saftige Schokoladenkuchen schmeckt wunderbar intensiv, sieht einfach toll aus und besteht aus ganz schlichten und obendrein gesunden Zutaten. Ein himmlischer Genuss!

FÜR 8 BIS 12 PERSONEN

KUCHEN • 150 g vegane Zartbitterschokolade • 5 EL Haselnussmus • 5 EL naturreines Pflanzenöl • 150 g heller Rohrohrzucker • 300 ml Sojamilch • 300 g Weizenmehl • ½ TL Salz • 10 g Weinstein-Backpulver • 35 g ungesüßtes Kakaopulver • 50 g gehackte Haselnüsse
SCHOKOLADENGUSS • 100 g vegane Zartbitterschokolade • 100 g Sojajoghurt • 3 EL pflanzliche Milch der Wahl

Für den Kuchen die Schokolade in Stücke schneiden und im Wasserbad schmelzen. Anschließend das Haselnussmus und das Öl hineingeben. Vom Herd nehmen und Zucker sowie Sojamilch mit dem Schneebesen unterziehen. Das gesiebte Mehl sowie Salz, Backpulver und Kakaopulver hinzufügen und mit einem Spatel zu einem glatten, klümpchenfreien Teig verarbeiten. Dann die Haselnüsse unter den Teig ziehen.
Eine Gugelhupfform nach Angaben des Herstellers einfetten und den Teig hineingeben. Den Schokoladenkuchen im Backofen etwa 35 Minuten bei 180 °C backen. Abkühlen lassen, aus der Form stürzen und auf einem Rost vollständig auskühlen lassen.
Für den Guss die Schokolade im Wasserbad schmelzen, das Sojajoghurt mit einem Spatel einrühren und die pflanzliche Milch unterziehen.
Den Kuchen damit überziehen und/oder den Guss als Sauce servieren. Dieser Guss wird bei Zimmertemperatur wieder fest. Wenn Sie ihn lieber als Sauce zu dem Kuchen reichen wollen, sollten Sie ihn erst unmittelbar vor dem Servieren zubereiten.

Cupcakes

MIT PEKANNÜSSEN AHORNSIRUP UND SCHOKOLADE

Wenn Sie eine Vorliebe für Pekannüsse mit Ahornsirup haben, sind diese Cupcakes der absolute Genuss für Sie! Sollte das nicht der Fall sein, werden Sie sie mit Sicherheit ebenso lieben. Diese köstlichen kleinen Kuchen sind weich und kernig zugleich – und nicht nur bei Kindern heiß begehrt.

FÜR 12 CUPCAKES

CUPCAKES • 30 g heller Rohrohrzucker • 75 ml Ahornsirup • 50 ml naturreines Pflanzenöl • 2 EL Cashewmus • 2 TL Weinstein-Backpulver • ¼ TL Salz • 115 ml pflanzliche Milch der Wahl (z. B. Mandel-, Hafer-, Dinkel-, Reis- oder Sojamilch) • 225 g Einkorn-Vollkornmehl (oder Type 1050) • 1 TL naturreiner Vanilleextrakt • 1 Handvoll Pekannüsse, fein gehackt
TOPPING • 400 g vegane Zartbitterschokolade • 2 EL naturreines Pflanzenöl • 6 EL Sojasahne, zimmerwarm • 2 EL Ahornsirup • 1 TL naturreiner Vanilleextrakt
ZUM ANRICHTEN • Pekannusshälften, Schokoladenraspel, Zartbitter-Schokoladen-streusel oder andere vegane Zutaten zum Verzieren (Menge nach Wunsch)

Für die Cupcakes in einer Schüssel Zucker, Ahornsirup und Öl verquirlen.
Cashewmus, Backpulver und Salz dazugeben. Nach und nach unter ständigem
Rühren die pflanzliche Milch einlaufen lassen und das gesiebte Mehl hinzufügen.
Zum Schluss Vanille und Pekannüsse dazugeben und mit einem Löffel unterrühren.
Anschließend 12 Muffinformen mit Papierförmchen auslegen und jeweils zu drei
Vierteln mit Teig füllen. Die Cupcakes im Backofen etwa 20 bis 25 Minuten bei 180 °C
leicht goldbraun backen und vollständig abkühlen lassen.

Für das Topping die Schokolade im Wasserbad schmelzen, das Öl mit einem
Schneebesen unterziehen, dann Sojasahne, Ahornsirup und Vanille dazugeben.
Gut verrühren und auf Zimmertemperatur abkühlen lassen. Bei dieser Ganache
besteht die Hauptschwierigkeit darin, die richtige Temperatur und damit eine
Konsistenz zu erreichen, die weder zu flüssig noch zu fest ist. Sie können die
Schüssel mit der Ganache 5 bis 10 Minuten in den Kühlschrank stellen und
anschließend prüfen, ob die Konsistenz zum Einfüllen in den Spritzbeutel geeignet
ist. Sollte die Creme zu fest sein, erneut bei Zimmertemperatur stehen lassen,
damit sie etwas weicher wird.

Die Ganache in einen Spritzbeutel mit großer Sterntülle füllen und das Topping auf
die Cupcakes spritzen. Mit Pekannusshälften oder anderen veganen Verzierungen
Ihrer Wahl garnieren.

Arme Ritter
mit Bananen-Toffee

Mit diesem genussvollen Trio aus Banane, Schlagsahne und Karamell-sauce können Sie auch andere Rezepte veredeln. Macht Ihren Nachtisch, Ihre Kaffeestunde oder Ihr Frühstück zu einem unvergesslichen Genuss.

FÜR 4 PERSONEN

KARAMELLSAUCE • 100 g heller Rohrohrzucker • 2 EL Wasser • 4 EL Sojasahne, zimmerwarm

SCHLAGSAHNE • 200 g cremiges Kokosfett von einer Dose Bio-Kokosmilch (über Nacht umgedreht im Kühlschrank aufbewahrt) • 2 EL Puderzucker aus Rohrohrzucker • ¼ TL Vanillepulver

ARME RITTER • 8 Scheiben Brot (altbacken oder frisch) • 250 ml Mandelmilch • 4 EL Maisstärke • 4 EL heller Rohrohrzucker • ¼ TL Vanillepulver • naturreines Pflanzenöl zum Braten (Menge nach Bedarf)

ZUM ANRICHTEN • heller Rohrohrzucker zum Karamellisieren (wahlweise) • 4 Bananen, in dünne Scheiben geschnitten • gemahlener Zimt

Für die Karamellsauce Zucker und Wasser in einem kleinen Topf verrühren. Bei starker Hitze aufkochen lassen, bis eine goldbraune Karamellmasse entsteht. Die zimmerwarme Sojasahne einrühren, vom Herd nehmen, in eine Schale oder eine Schüssel gießen und abkühlen lassen. Anschließend im Kühlschrank aufbewahren.

Für die Schlagsahne zunächst die Kokosmilchdose vorsichtig öffnen und die Flüssigkeit abgießen. Das Kokosfett herauslösen und mit Puderzucker sowie Vanille verquirlen. Nach Wunsch in einen Spritzbeutel füllen und ebenso kühl stellen.

Für die Armen Ritter in einem tiefen Teller Mandelmilch, Stärke, Zucker und Vanille verrühren. Jeweils 2 Brotscheiben gut darin einweichen.

In einer mittelgroßen Pfanne bei mittlerer Hitze etwas Öl erhitzen und die Arme-Ritter-Brotscheiben darin goldbraun braten.

Gegen Ende der Bratzeit, falls gewünscht, etwas Zucker zum Karamellisieren darüberstreuen. Pro Person jeweils 2 Scheiben Arme Ritter mit Bananenscheiben, Schlagsahne und Karamellsauce anrichten, mit 1 Prise Zimt bestäuben und lauwarm servieren.

Fudge de luxe

Fudge, das besonders in England beliebte Karamell-Konfekt, ist sehr kalorienreich, da es hauptsächlich aus Butter, Sahne und Zucker besteht. Meine vegane Variante wird mit gesunden und aromatischen Zutaten wie Kokosbutter und Ahornsirup zubereitet. Wenn Sie dann noch Cashewkerne dazugeben, werden nicht nur Sie dem Genuss dieser Köstlichkeit verfallen!

FÜR 6 PERSONEN

150 g selbst gemachte Kokosbutter (Rezept siehe unten) • 250 g vegane Zartbitterschokolade • 2 EL Ahornsirup • ¼ TL Vanillepulver • 60 g weiße Cashewkerne, fein gehackt • einige Prisen Fleur de Sel (wahlweise, Menge nach Wunsch)

Die Kokosbutter im Glas im Wasserbad schmelzen, das Wasser sollte bis zur Hälfte des Glases reichen. Die Schokolade in einer Rührschüssel ebenso schmelzen, die geschmolzene Kokosbutter einrühren und anschließend Ahornsirup, Vanille und die Hälfte der Cashewkerne dazugeben.
In eine kleine rechteckige und mit Backpapier ausgelegte Form füllen und die restlichen Cashewkerne darauf verteilen. Nach Belieben 1 Prise Fleur de Sel darüberstreuen. Die Fudgemasse auf Zimmertemperatur abkühlen lassen und 3 bis 4 Stunden in den Kühlschrank stellen.
Aus der Form stürzen und mit einem scharfen Messer in große Würfel schneiden. Vor dem Verzehr 30 Minuten bis 1 Stunde bei Zimmertemperatur ruhen lassen. Beim Abkühlen werden die Kokosbutter und die Schokolade fest.
Fudge de luxe hält sich im Kühlschrank maximal 1 Woche.

FÜR 200 GRAMM

KOKOSBUTTER • 200 g ungesüßte Kokosraspel

Die Kokosraspel möglichst mit einem Hochleistungsmixer oder in der Küchenmaschine (nicht mit dem Pürierstab!) 10 bis 15 Minuten pürieren, bis eine cremige
Flüssigkeit entsteht. Die Kokosraspel bei ausgeschaltetem Gerät immer wieder mit
einem Spatel von den Seitenwänden schaben.
In ein Glas füllen und zum Aushärten luftdicht verschlossen im Kühlschrank
aufbewahren. Vor der Verwendung bei Zimmertemperatur oder im Wasserbad
schmelzen.

Schichtkuchen
„Vanille-Schoko-Kaffee"

Eine beliebte Kombination von Aromen und ein Kuchen, der was hermacht. Kurzum: Mit diesem veganen „Layer-Cake" werden Sie einen Treffer landen. Seine Zubereitung ist ein Kinderspiel, damit Sie sich das Leben nicht unnötig schwer machen und mehr Zeit zum Genießen haben.

FÜR 12 PERSONEN

FÜR JEDEN KUCHENBODEN • 200 g Sojajoghurt • 150 g heller Rohrohrzucker • 10 g Weinstein-Backpulver • 50 ml naturreines Pflanzenöl • ¾ TL Vanillepulver oder 2 EL löslicher Kaffee + 1 EL kochendes Wasser • 150 g Weizenmehl
GLASUR • 400 g vegane Zartbitterschokolade • 100 g Puderzucker • 250 ml Sojasahne • 1 TL naturreiner Vanilleextrakt
ZUM DEKORIEREN • Schokoladenraspel (Menge nach Wunsch)

Für die Kuchenböden in einer Schüssel den Sojajoghurt mit dem Zucker verrühren. Backpulver und Öl dazugeben. Nach und nach das Aroma (Vanille oder Kaffee) sowie das Mehl unterziehen.
Eine runde Springform mit Backpapier auslegen. (Schneiden Sie jeweils einen Kreis für den Boden und Streifen für den Rand zu.) Den Teig in die Form füllen und im Backofen 30 Minuten bei 180 °C backen. Den Boden vorsichtig aus der Form lösen und auf einem Rost abkühlen lassen.
Bei den beiden anderen Kuchenböden ebenso verfahren. Insgesamt werden 2 Vanille- und 1 Kaffeekuchenboden gebacken.
Für die Glasur die Zartbitterschokolade im Wasserbad schmelzen, den Puderzucker mit einem Spatel unterziehen und mit Sojasahne sowie Vanille zu einer glatten Glasur verrühren.
Zum Zusammensetzen des Schichtkuchens eine dünne Schicht Glasur mit einer Winkelpalette auf einem der Vanilleböden verstreichen, den Kaffeeboden darauflegen. Anschließend wieder eine Schicht Glasur darauf verteilen und zum Schluss mit dem letzten Boden belegen. Den gesamten Kuchen mithilfe der Winkelpalette mit einer möglichst glatten Glasur überziehen.

Himbeer-Zitronen-Cheesecake

Veganer „Käsekuchen" lässt sich auf vielfältige Weise zubereiten. Für diese zitronige Variante des Cheesecakes habe ich eine Kombination aus weißen Cashewkernen, dem vielseitigen Tofu und Cashewmus (meiner Lieblingszutat) verwendet. Das Ergebnis ist äußerst lecker geworden!

FÜR 6 BIS 8 PERSONEN

BODEN • 100 g Roggenvollkorn- oder Weizenvollkorn-Cracker • 50 g heller Rohrohrzucker • 3 EL naturreines Pflanzenöl
CHEESECAKE-FÜLLUNG • 100 g Cashewkerne • 500 g fester Tofu natur • 100 g Rohrohrzucker • ¼ TL Salz • 3 EL Cashewmus • 2 TL abgeriebene Schale von einer Bio-Zitrone • 3 EL Maisstärke
FRUCHTSAUCE • 250 g Himbeeren • 85 g heller Rohrohrzucker • 200 ml Wasser
ZUM ANRICHTEN • frische Himbeeren (Menge nach Wunsch)

Die Cashewkerne 3 Stunden in einer Schüssel mit Wasser einweichen.

Für den Boden mit der s-förmigen Klinge der Küchenmaschine die in Stücke gebrochenen Cracker mit dem Zucker und dem Öl vermixen. Die Mischung auf dem Boden einer Springform verteilen und mit der Unterseite eines Glases gut festdrücken, sodass eine gleichmäßige Oberfläche entsteht. In den Kühlschrank stellen.

Für die Cheesecake-Füllung alle Zutaten in der Küchenmaschine zu einer homogenen Masse verarbeiten, auf dem vorbereiteten Kuchenboden verstreichen und den Kuchen im Backofen etwa 30 Minuten bei 180 °C backen. An den Rändern sollte der Cheesecake nur leicht gebräunt sein. Abkühlen lassen und vorsichtig aus der Form lösen.

Für die Fruchtsauce alle Zutaten in einem Topf erhitzen. Einige Minuten kochen lassen, dann durch ein Spitzsieb streichen, sodass die Kerne zurückbleiben. Die Flüssigkeit bei schwacher Hitze köcheln lassen, bis sie eindickt. Vom Herd nehmen und ebenso abkühlen lassen.

Zum Anrichten den Cheesecake mit Himbeersauce übergießen und mit frischen Himbeeren garniert servieren.

Kokos-Cookie-Eis

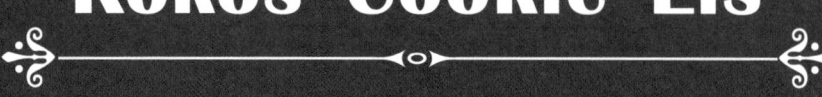

Auch mit veganen Zutaten können Sie herrlich cremiges Eis zubereiten. Diese Mischung aus Kokoscreme und Sojasahne ist luftig-leicht und himmlisch sahnig. Ein Tipp für Genießer: Anstelle der Cookies können Sie auch Macadamianüsse, Schokostückchen oder Karamellsplitter verwenden ... oder zusätzlich!

FÜR 4 PERSONEN

190 g cremiges Kokosfett von einer Dose Bio-Kokosmilch (über Nacht umgedreht im Kühlschrank aufbewahrt) • 410 g Sojasahne • 85 g heller Rohrohrzucker • 85 g Cookies, in Stücke gebrochen

Die Kokosmilchdose vorsichtig öffnen und die Flüssigkeit abgießen. Das Kokosfett herauslösen und in einer Schüssel mit der Sojasahne und dem Zucker verquirlen. Die Cookie-Stücke dazugeben.
Wenn Sie eine Eismaschine besitzen, bereiten Sie die Eiscreme nach Angaben des Herstellers zu. Alternativ können Sie die Eismasse auch 2 Stunden ins Gefrierfach stellen. Durchrühren und erneut 1 Stunde fest werden lassen. In einen kältebeständigen Behälter füllen und bis zum Servieren mindestens 2 Stunden im Gefrierfach aufbewahren. Das Eis etwa ½ Stunde vor dem Servieren aus dem Gefrierfach nehmen und mit einem in heißes Wasser getauchten Eisportionierer zu Kugeln formen.
Bewahren Sie das Kokos-Cookie-Eis im Gefrierfach auf. Dort hält es sich etwa 5 Tage.

Erdnuss-Brownies

Mit den begehrten Leckereien für Naschkatzen können diese Brownies mit Erdnussmus und karamellisierten Erdnüssen locker mithalten. Sie sind ein typisches Beispiel für ein veganes Gebäck aus einfachen Grundzutaten, das bei Geburtstagsbuffets besonders gut ankommt …

FÜR 8 PERSONEN

BROWNIE • 180 g vegane Zartbitterschokolade • 4 EL naturreines Pflanzenöl • 4 EL Erdnussmus • 200 ml pflanzliche Milch der Wahl (z. B. Mandel-, Hafer-, Dinkel-, Reis- oder Sojamilch) • 3 TL ungesüßtes Kakaopulver • ½ TL Salz • ½ TL Natron (Natriumbikarbonat) • 2 TL naturreiner Vanilleextrakt • 175 g heller Rohrohrzucker • 160 g Weizenmehl
KARAMELLISIERTE ERDNÜSSE • 1 Handvoll Erdnüsse, gehackt • 1–2 EL Rohrohrzucker

Für die Brownies die Hälfte der Schokolade im Wasserbad schmelzen. Die andere Hälfte klein hacken und beiseitestellen.
Öl und Erdnussmus mit der geschmolzenen Schokolade verrühren. Die pflanzliche Milch mit dem Schneebesen unterrühren. Dann nach und nach Kakaopulver, Salz, Natron, Vanille, Zucker, Mehl und schließlich die gehackte Schokolade dazugeben.
Für die karamellisierten Erdnüsse die gehackten Erdnüsse mit dem Zucker in eine kleine Pfanne geben und auf starker Flamme erhitzen. Sobald der Zucker zu karamellisieren beginnt, die Pfanne schwenken, bis die Erdnüsse vollständig mit dem Karamell überzogen sind. Auf einem Backpapier abkühlen lassen und gut voneinander trennen.
Zwei Drittel der karamellisierten Erdnüsse unter den Brownie-Teig heben.
Eine mittelgroße rechteckige Backform mit Backpapier auslegen und den Teig in die Form füllen. Die restlichen Erdnüsse dekorativ darauf verteilen und im Backofen etwa 25 Minuten bei 180 °C backen.

Verzeichnis der Rezepte

Literaturempfehlungen

Engler, Sandra: *Vegane Pralinen und Konfekt: Mit Liebe gemacht, von Herzen geschenkt.* pala-verlag, Darmstadt 2014

Fabry, Lisa: *Himmlisch vegane Desserts. Torten, Muffins, Kekse, Puddings, Eis & Co.* Narayana Verlag, Kandern 2013

Kügler-Anger, Heike: *Vegane Rohköstlichkeiten aus dem Mixer. Smoothies, Suppen, Eiscreme und mehr.* pala-verlag, Darmstadt 2013

Laforêt, Marie: *Backen ohne Milch und Ei. Vegane Desserts.* Leopold Stocker Verlag, Graz/Österreich 2013

Laforêt, Marie: *Kokos. Süße und pikante Rezepte aus der veganen Küche.* Hädecke Verlag, Weil der Stadt 2014

Mainquist, Emily: *Sweet Vegan. Die besten Rezepte.* Neuer Umschau Buchverlag, Neustadt/Weinstrasse 2013

Megan, May: *The Unbakery. 130 Highlights aus dem rohköstlich-veganen Trend-Café.* Hans-Nietsch-Verlag, Emmendingen 2015

Mihály, Beate; Krause, Stefanie; Mihály, Maria; Müller, Erika: *Vegan backen. 300 Lieblingsrezepte.* Hans-Nietsch-Verlag, Emmendingen 2014

Newman, Joni Marie; Adams, Gerrie Lynn: *Going Vegan. Wie Sie Ihre Ernährung erfolgreich auf VEGAN umstellen – für mehr Vitalität, Wohlbefinden und Gesundheit.* Hans-Nietsch-Verlag, Emmendingen 2014

Rauter, Roland: *Einfach vegan. Die süße Küche von Avocadocreme-Törtchen bis Zitroneneis.* Schirner Verlag, Darmstadt 2012

Salvini, Simone: *Vegan, süß & sündig. Die verführerische Welt der Desserts. 70 kreative und klassische Rezepte.* Hans-Nietsch-Verlag, Emmendingen 2014

Siefert, Bernd: *Vegan und süß: Die besten veganen Kuchen, Desserts und Cookies.* Matthaes Verlag, 2015

Bezugsquellen

Die folgende Übersicht enthält Lebensmittel in Bio-Qualität, die Sie möglicherweise nicht im Naturkostladen, Bio-Supermarkt oder Reformhaus in Ihrer Nähe bekommen, sondern im Internet bei Spezialversendern bestellen müssen:

- *Einkornmehl:* www.frohkostgalerie.de, www.isaak-naturkost.de oder www.naturkost.com
- *getrocknete Heidelbeeren:* www.naturkost-schulz.de, www.sonnentor.de oder www.topfruits.de
- *kandierte Maronen (Marrons glacés):* www.maronenwelt.de
- *Kokosblütenzucker:* www.amrita.de, www.drgoerg.com oder www.zentrum-der-gesundheit.de
- *Matcha:* www.matchashop.de, www.pureraw.de oder www.topfruits.de
- *Pistazienmus in Rohkostqualität:* www.veggiesdelight.de oder www.rohfugium.com
- *Puderzucker aus Rohrohrzucker:* www.naturata.com
- *Rosenwasser:* www.ayurveda-marktplatz.de oder http://www.ayurveda-marktplatz.de/www.keralaayurvedashop.com

Titel der Originalausgabe: *25 desserts vegan,* erschienen bei *Editions La Plage,* Paris

Translation Rights arranged with *Editions La Plage,* Paris

Lektorat: Ute Orth
Korrektorat: Petra Westermann
Fotos: Marie Laforêt
Illustration: 123RF
Einbandgestaltung: Kurt Liebig
Satz: Rosi Weiss
Druck: Dimograf Sp z o.o., Bielsko-Biała/Polen

Hans-Nietsch-Verlag · Am Himmelreich 7 · 79312 Emmendingen
www.nietsch.de · info@nietsch.de

ISBN 978-3-86264-373-8

Estérelle Payany

Gesunde Power aus dem Entsafter

Säfte, Suppen, Snacks & Desserts

Für ein Optimum an Vitalstoffen jeden Tag

vegetarisch/vegan

HANS-NIETSCH-VERLAG

Estérelle Payany

Gesunde Power aus dem Mixer

Smoothies, Suppen, kleine Gerichte & Desserts

Für ein Optimum an Vitalstoffen jeden Tag

vegetarisch/vegan

HANS-NIETSCH-VERLAG

CLEA

Grünkohl

Der Vitalstoff-Champion

Getränke, Suppen, Hauptspeisen, Salate, Aufstriche & Desserts
vegan/vegetarisch
schnell & einfach

HANS-NIETSCH-VERLAG

Rohköstliche Patisserie

Ophélie Véron

Trüffel, Konfekt, Cookies, Tartelettes, Kuchen & Torten – vegan und hitzefrei

HANS·NIETSCH·VERLAG

Vegetarische Burger & Bällchen

Clémence Catz

Herzhafte und süße Lieblingsrezepte

HANS·NIETSCH·VERLAG